BEI GRIN MACHT SICH IHR WISSEN BEZAHLT

AF168177

- Wir veröffentlichen Ihre Hausarbeit,
  Bachelor- und Masterarbeit

- Ihr eigenes eBook und Buch -
  weltweit in allen wichtigen Shops

- Verdienen Sie an jedem Verkauf

Jetzt bei www.GRIN.com hochladen
und kostenlos publizieren

Allgemeine Psychologie. Emotionale Intelligenz, Emotionsarbeit, Motive und Motivinkongruenz

Nina Hammerer

Bibliografische Information der Deutschen Nationalbibliothek:

Die Deutsche Nationalbibliothek verzeichnet diese Publikation in der Deutschen Nationalbibliografie; detaillierte bibliografische Daten sind im Internet über http://dnb.d-nb.de abrufbar.

ISBN: 9783346269584
Dieses Buch ist auch als E-Book erhältlich.

© GRIN Publishing GmbH
Nymphenburger Straße 86
80636 München

Alle Rechte vorbehalten

Druck und Bindung: Books on Demand GmbH, Norderstedt Germany
Gedruckt auf säurefreiem Papier aus verantwortungsvollen Quellen

Das vorliegende Werk wurde sorgfältig erarbeitet. Dennoch übernehmen Autoren und Verlag für die Richtigkeit von Angaben, Hinweisen, Links und Ratschlägen sowie eventuelle Druckfehler keine Haftung.

Das Buch bei GRIN: https://www.grin.com/document/936551

Einsendeaufgabe

Allgemeine Psychologie – Ein Einblick

- Emotionale Intelligenz
- Emotionen und Emotionsarbeit
- Motive und Motivinkongruenz

Modul: Allgemeine Psychologie 2

Alternative A

Abgegeben am: 19.10.2019

SRH Fernhochschule

Von:

Nina H.

Studiengang: B.A. Prävention und Gesundheitspsychologie

Inhaltsverzeichnis

Abkürzungsverzeichnis

Aufl.	Auflage
EI	emotionale Intelligenz
EQ	emotionaler Quotient
IQ	Intelligenzquotient

Emotionale Intelligenz

Die Wissenschaft ist sich bei der Definition des Begriffs der **emotionalen Intelligenz (EI)** (noch) nicht einig, weshalb es unterschiedliche Begriffserklärungen gibt, die sich im Umfang und in Bezug auf die Abgrenzung unterscheiden. [1] In dieser Einsendeaufgabe werden die Forschungen von Daniel Goleman sowie Peter Salovey, John D. Mayer und Igor A. Caruso als auch ihre Konzepte näher erläutert, um einen soliden Überblick über die EI zu erhalten und den Rahmen dieser schriftlichen Arbeit dabei nicht zu überschreiten.

Der Begriff der emotionalen Intelligenz (EI) wurde erstmals von Darwin verwendet, der auf der Suche nach einer anderen Art von Intelligenz war. Er benannte damals den Ausdruck von Emotionen als wichtiges Werkzeug um das Überleben zu sichern (bspw. Ausdruck von Ekel bei verdorbenen Lebensmitteln). [2] 1990 wurde der Begriff von Mayer et al. verwendet, um die gefühlsmäßigen Auswirkungen von sozialen und persönlichen Problemen zu erforschen. 1996 veröffentlichte dann Daniel Goleman sein Buch „Emotionale Intelligenz" in dem er konstituierte, dass Menschen mit höherer EI, Situationen besser einschätzen, sich in der Welt besser zurechtfinden und leichter neue Beziehungen aufbauen können. Für ihn zählt dabei die Wahrnehmung von Gefühlen, das Lernen aus Erfahrungen sowie der Erwerb von neuen Kompetenzen aufgrund von diesen Erfahrungen und eine allgemeine Selbstständigkeit zu den Fähigkeiten, die die EI betreffen. [3] Mit den Werken von Goleman und von Mayer et al. wurde das Thema erstmals verschriftlicht und folglich der breiten Öffentlichkeit ins Bewusstsein gerufen. Nach ihren Ansichten umfasst die EI demnach die Fähigkeit eigene und fremde Emotionen nicht nur zu erkennen und zu interpretieren, sondern auch eigene Emotionen zu regulieren oder zu konstruieren und zudem Emotionen für das Handeln, Denken, die Kommunikation und Motivation zu nutzen. [4] Forschungen haben belegt, dass die EI veränderbar ist und somit wachsen kann, da Menschen durch erlebte Erfahrungen ihre Fähigkeit der EI verbessern. Die EI kann bis dato mit Hilfe des Mayer-Salovey-Caruso-Tests (MSCEIT) nach Mayer et al. (2011) sowie des Emotional Intelligence Inventar (EI4) nach Satow (2012) gemessen werden. [5] Im Anschluss werden die Konzepte nach Goleman sowie nach Mayer et al. näher beschrieben.

---

[1] Vgl. Krause (2007), S. 9
[2] Vgl. Ebda.
[3] Vgl. Bosley/Kasten (2018), S. 40–44
[4] Vgl. Pekrun (2000), S. 341
[5] Vgl. Bosley/Kasten (2018), S. 40 - 44

Emotionale Intelligenz nach Goleman

Goleman beschreibt die EI als eine Metafähigkeit, die dafür verantwortlich ist, wie ausgeprägt eine Person ihre sonstigen Fähigkeiten nutzen und verstehen kann. Golemans Hauptthese bezog sich darauf, dass eine Person, die beruflich erfolgreich ist, sich durch einen hohen EQ und nicht durch einen hohen IQ auszeichnet. Ebenfalls postuliert seine These, dass die EI ein grundlegender Faktor für das Führen von harmonischen Beziehungen im privaten als auch beruflichen Kontext darstellt. Fähigkeiten wie bspw. Teamfähigkeit, Stressbewältigung, Konfliktmanagement oder Potenzialausschöpfung stehen für Goleman in direkter Verbindung mit dem Konzept der EI. [6] Dahingehend entwickelte er, basierend auf dem Konstrukt der EI, sein Konzept der emotionalen Kompetenz, welches aus fünf Faktoren besteht, die in persönliche und soziale Fähigkeiten unterteilt werden.

Persönliche Kompetenzen:
- Selbstwahrnehmung: Erkennen eigener Gefühle, Bedürfnisse, Ziele und Emotionen (Emotionales Bewusstsein, Selbstvertrauen)
- Selbstregulierung: Beeinflussung und Steuerung eigener Gefühle (Selbstkontrolle, Anpassungsfähigkeit, Gewissenhaftigkeit)
- Motivation: sich selbst begeistern und motivieren können (Engagement, Initiative, Leistungsdrang, Optimismus)

Soziale Kompetenzen:
- Empathie: Fähigkeit, Gefühle anderer wahrzunehmen und entsprechend reagieren (andere verstehen/entwickeln, politisches Bewusstsein)
- Soziale Fähigkeiten: Fähigkeit, bestehende Beziehungen aufrechtzuerhalten / neue aufzubauen (Einfluss, Kommunikation, Führung, Zusammenarbeit) [7]

Das Erkennen einer Emotion (Selbstwahrnehmung) ist nach Goleman der wesentliche Baustein des Konstrukts der EI und stellt den ersten Schritt dar. Es folgt die Einordnung und Einschätzung der Emotion, des Verhaltens, der Wirkung auf andere Menschen (emotionales Bewusstsein) und das Vertrauen in sich selbst (Selbstvertrauen). Die Selbstwahrnehmung bildet nach Goleman die Basis. [8] Als zweiten Schritt sieht Goleman die Selbstregulierung,

---

[6] Vgl. Von Kanitz (2014), S. 27
[7] Vgl. Krause (2007), S. 21 zit. nach Goleman (2005), S.38f
[8] Vgl. Ebda. S. 20

bei der es darum geht, das Wahrgenommene auch effektiv handzuhaben. Der dritte Punkt bildet die Motivation. Hier spricht der Forscher darüber, die eigenen wahrgenommenen und regulierten Emotionen in Handlungen und/oder einen Handlungsantrieb umzuwandeln. Der Optimismus spielt hierbei eine wichtige Rolle, um mögliche Rückschläge besser zu verkraften. Zu den sozialen Kompetenzen zählt zu allererst die Empathie, die es braucht, um emotionale Befindlichkeiten von anderen wahrzunehmen, einzuschätzen und dementsprechend zu reagieren. Für Goleman ist die Empathie die Grundlage für sog. Menschenkenntnis und wirkt unterstützend, um flexibel mit Situationen umzugehen. Das politische Bewusstsein meint dabei, das Erkennen von Vielfalt und diese als Chance zu sehen. Die zweite Gruppe der sozialen Kompetenzen umfasst jegliche sozialen Fähigkeiten wie bspw. Konflikt- und Führungsverhalten, Teamfähigkeit und Kommunikationskompetenzen.[9] Nach Goleman sind diese Kompetenzen nicht von Geburt an vorhanden oder genetisch bedingt, sondern erlern- und trainierbar.[10]

Emotionale Intelligenz nach Mayer, Salovey und Caruso

Nach Mayer et al. sind die Forschungen und somit auch die Ergebnisse von Goleman zu ungenau, um wissenschaftlich eingesetzt zu werden. Ihrer Meinung nach ist die Abgrenzung zu anderen Größen wie bspw. Intelligenz oder Emotion nicht möglich. Mayer et al. (2000, S. 197) definieren EI als „(…) die Fähigkeit Emotionen zu reflektieren, sie zu nutzen, um die Denkweise voranzubringen. Dazu müssen Emotionen erkannt werden können und zugänglich sein, sowie erzeugt werden können. Somit können Emotionen und emotionales Wissen besser verstanden werden, um diese zu regulieren und die eigene emotionale und intellektuelle Entwicklung zu fördern." Ihr Ansatz betrachtet die EI als ein Mitglied von Intelligenzen, das soziale, praktische und personelle Kompetenzen beinhaltet.[11] Ihrer Ansicht nach umfasst die EI vier Komponenten, die über das Erkennen einer Emotion zum Nachdenken über den Nutzen dieser führen. Folglich entsteht ein Verständnis für die Emotion und es können mögliche Szenarien durchdacht werden, was zur aktiven Umsetzung führt.[12] Für das bessere Verständnis werden diese Punkte aufgelistet und näher beschrieben:

---

[9] Vgl. Ebda. S. 22f
[10] Vgl. Bosley/Kasten (2018), S. 42f
[11] Vgl. Mayer et al. (2000), S. 197
[12] Vgl. Caruso et al. (2002)

- Erkennen (Emotionsbewusstsein, Emotionsausdruck): die Fähigkeit, Emotionen zu iden-
tifizieren
- Nutzen (Klarer denken mit Emotionen, Emotionen an Aufgaben anpassen): die Aufmerk-
samkeit auf Wichtiges richten
- Verstehen (was bedeuten Emotionen, was-wäre-wenn-Analyse): Emotionen verstehen,
benennen und richtig deuten
- Managen (Offenheit für Emotionen, Integration ins Denken): Emotionen verwalten und
regulieren [13]

Emotionale Intelligenz bei der Zusammenstellung von Teams

In einem ersten Schritt wird der Begriff „Team" genauer erläutert um anschließend auf die
Bedeutung der emotionalen Intelligenz bei der Zusammenstellung eines Teams einzugehen.
Ein Team ist eine Gruppierung von Menschen, die über einen längeren Zeitraum an einer
gemeinsamen Aufgabe arbeitet. Dabei stehen alle Mitglieder der Gruppe in direktem Kon-
takt zueinander und teilen dieselben Normen oder Werte zu einer bestimmten Sache. In
einem Team entsteht eine sog. Kohäsion (Wir-Gefühl). Ein Team hat meist den Sinn eine
Aufgabe zu lösen. Wird die Aufgabe gelöst, löst sich das Team meistens auf. Um eine solche Aufgabe zu lösen, nimmt jedes Mitglied der Gruppe eine Rolle ein, die sich an der Aufgabe orientiert. [14] In einem Team treffen unterschiedliche Persönlichkeiten mit unterschiedlichen Kompetenzen aufeinander. Dabei ist es sehr wichtig, dass das Klima in der Gruppe
gut ist, sodass auftauchende Konflikte konstruktiv gelöst werden können, um letztlich die
Aufgabe zu lösen. [15] Die Ausprägung der EI einer Person in einer Gruppe entscheidet darüber, ob sich diese Person schnell in die Gruppe einfinden kann, wie hoch die Fähigkeit für
Empathie und die Motivation ist. Personen mit hohem EQ wissen, im Gegensatz zu Menschen mit niedrigem EQ, über ihre Stärken und Schwächen Bescheid und können damit
umgehen. Zudem zeigen sie ein hohes Maß an Eigeninitiative und Leistungsbereitschaft,
um das gemeinsame Ziel zu erreichen. Demnach sind Personen mit ausgeprägter EI das
Fundament eines erfolgreichen Teams, da eine Zusammenarbeit nur gelingen kann, wenn
Menschen aufeinander zugehen, sich um die Beziehungen kümmern und mit allen

---

[13] Vgl. Bosley/Kasten (2018), S. 42f
[14] Vgl. Becker (2016), S. 6-8
[15] Vgl. Krause (2007), S. 59

Teammitgliedern kooperieren. So können mögliche Konflikte besser gelöst werden, wenn die Personen im Team über gute Kompetenzen im Bereich der Teamfähigkeit verfügen. In weiterer Folge gelingt es Menschen mit guter Kritikfähigkeit besser, Kompromisse einzugehen oder sich Meinungen anderer anzuhören, um anschließend zu reflektieren, welche Vorgangsweise die Beste für das Erreichen des Ziels der Gruppe ist. Dies begünstigt den Erfolg der Gruppe. [16] Bei der Einteilung der Aufgaben in einem Team sollte darauf geachtet werden, wo die Stärken und Schwächen des Mitglieds liegen und ob die Aufgabe zur Person passt. Dabei erscheint es als weniger wichtig keine Schwächen zu haben, sondern sich dessen bewusst zu sein und konstruktiv damit umzugehen. [17] Bei der Zusammenstellung eines Teams ist zudem wichtig, wer dieses Team führt. Je höher die Führungsebene desto wichtiger wird die EI. An sie werden nicht nur die Anforderungen gestellt selbst motiviert zu sein, sich gut kontrollieren und regulieren zu können und Eigeninitiative zu zeigen, sondern auch ihre Mitarbeiter zu motivieren, sie zu führen, ihnen den Weg zu zeigen und positive Gefühle bei ihnen zu wecken. Zudem müssen Führungskräfte schnell auf neue Begebenheiten reagieren und dabei mehrere Ebenen und Aspekte gleichzeitig berücksichtigen. [18] Zusammenfassend wurde gezeigt, dass nicht nur die fachlichen Kompetenzen oder Qualifikationen berücksichtigt werden sollten, um ein Team zusammenzustellen, das erfolgreich sein kann. Vielmehr sollte die Konstellation des Teams und die EI der Einzelpersonen hinzugezogen werden. Vor allem bei der Wahl einer Führungskraft spielt der EQ eine tragende Rolle.

Kritische Auseinandersetzung

Golemans Thesen sind bis heute nicht einwandfrei belegbar, trotzdem ist die EI eine feste Größe in der Forschung geworden, da es unbestritten ist, dass Emotionen einen großen Einfluss auf die Handlungen einer Person haben. [19] Trotzdem gibt es bei näherer Betrachtung relevante Kritikpunkte, von denen einige nachfolgend näher betrachtet werden.
Durch die unklare Abgrenzung zu anderen Konstrukten wie bspw. der Intelligenz, sozialen Intelligenz oder der Emotion wird jedoch noch immer Kritik über seine Forschungen

---

[16] Vgl. Ebda. S. 58f
[17] Vgl. Ebda. S. 16f
[18] Vgl. Goleman et al. (2002), S. 217
[19] Vgl. Von Kanitz (2014), S. 27

ausgeübt. [20] Z.B. ist der Begriff „soziale Intelligenz", der in den achtziger Jahren von Howard Gardner eingeführt wurde [21], mit Golemans EI (1996) gleichzusetzen. Es wird kritisiert, dass Goleman auf den Begriff soziale Intelligenz zurückgriff und ihn nicht von seiner Theorie der EI abgrenzte. [22]

Ein weiterer Kritikpunkt ist die Tatsache, dass Goleman Fähigkeiten und Charakterzüge nicht voneinander unterscheidet. Bei verwendeten Begrifflichkeiten, die unklar oder gar nicht definiert wurden, besteht die Gefahr, dass die EI individuell interpretiert wird und somit keine Gültigkeit in der Wissenschaft erhält. [23]

Des Weiteren wird kritisiert, dass das Konstrukt der EI aus dem Modell der „Big Five" (fünf grundlegende Persönlichkeitsdimensionen) entstanden ist und kein selbstständiges Konzept darstellt. Kritiker meinen, dass Goleman lediglich das Konzept von Mayer et al. um einige Persönlichkeitsmerkmale erweitert hat, ohne dabei grundlegende Forschungsschritte zu gehen. [24]

Gründe für Kritik bietet auch der Test zur Messung der EI von Mayer et al. (sog. MSCEIT). Laut Kritikern gibt es dabei keine eindeutig richtigen oder falschen Antworten, wenn es darum geht, Emotionen auf Bildern zu erkennen und zu deuten. Demnach haben die Ergebnisse eines MSCEIT wissenschaftlich keine Aussagekraft. [25]

---

[20] Vgl. Krause (2007), S. 9
[21] Vgl. Weber (1999)
[22] Vgl. Bosley/Kasten (2018), S. 161f
[23] Vgl. Bosley/Kasten (2018), S. 162
[24] Vgl. Ebda.
[25] Vgl. Bosley/Kasten (2018), S. 160–162

Emotionen und Emotionsarbeit

Der Begriff „**Emotion**" (lat. herausbewegen, unterbrechen) bezeichnete tektonische Bewegungen und Migrationsbewegungen von Menschen und wurde schließlich auf die Psyche übertragen, um die Störung eines Gleichgewichts zu beschreiben. [26] In der Psychologie bezeichnet der Begriff „Emotion" ein sehr komplexes und vielschichtiges Konzept. [27] Laut Sokolowski weist kein anderer Bereich des seelischen Geschehens so viele verschiedene Qualitäten, Nuancen und Intensitätsgrade auf wie Gefühle und Emotionen. [28] Zudem sind die empirischen Ergebnisse, die zu diesem Thema vorliegen, weit davon entfernt einheitlich zu sein und deshalb war es bis dato auch nicht möglich wissenschaftliche Kriterien zu finden, die eine Emotion definieren oder sie von einer anderen abgrenzen. [29] Folglich gibt es dabei viele unterschiedliche Definitionen und Ansichten. [30] Die Definition von Myers et al. beschreibt Emotion als „Reaktion des ganzen Organismus, die 1. physiologische Erregung, 2. Ausdrucksverhalten und 3. bewusste Erfahrung beinhalte". [31] Ein weiteres Beispiel für eine Definition des Begriffs Emotion liefern Stemmler et al.: „Eine Emotion ist ein qualitativ näher beschreibbarer Zustand, der mit Veränderungen auf einer oder mehreren der folgenden Ebenen einhergeht: Gefühl, körperlicher Zustand und Ausdruck". [32]

Um anschließend die 3 Komponenten und in einem weiteren Schritt die Entstehung einer Emotion zu verstehen, ist es wichtig, die **Abgrenzung zu anderen Konstrukten** und die Beschreibungen dieser zu kennen und zu verstehen:

Persönlichkeitseigenschaften beschreiben Merkmale von Menschen, die keine zeitliche Begrenzung haben und damit konstant sind. Emotionen hingegen sind zeitlich begrenzt. In der Forschung wird eine Eigenschaft als „trait" (engl. für „Merkmal") und eine Emotion als „state" (engl. für „Zustand") bezeichnet. Dabei können dieselben Wörter für eine Emotion aber auch für eine Eigenschaft verwendet werden. Als ein Beispiel: Menschen können situationsübergreifend ängstlich sein also bezeichnet man diese als ängstliche Menschen =

---

[26] Vgl. Sokolowski (2016), S. 296
[27] Vgl. Gerrig et al. (2011), S. 454
[28] Vgl. Sokolowski (2016), S. 296
[29] Vgl. Stemmler et al. (2014), S. 21
[30] Vgl. Sokolowski (2016), S. 296
[31] Vgl. Myers et al. (2014), S. 496
[32] Vgl. Stemmler et al. (2014), S. 25f

Persönlichkeitseigenschaft. So könnten Menschen jedoch auch in einer Situation ängstlich wirken = Emotion. [33]

Stimmungen ähneln Emotionen dauern jedoch wesentlich länger an und sind dabei weniger intensiv. Sie spielen sich eher im Hintergrund ab und sind weniger auf konkrete Objekte oder Situationen ausgerichtet. [34]

Ein **Affekt** beschreibt im deutschsprachigen Raum eine kurze und heftige Emotion, die dazu führen kann, dass Menschen sich schwerer selbst kontrollieren können und zu unvorhersehbarem Verhalten neigen. Im angloamerikanischen Raum hingegen werden die beiden Begriffe gleichgesetzt. [35]

Ein **Gefühl** beschreibt die erlebnisbezogene Komponente der Emotion, bei dem das subjektive Erleben im Vordergrund steht. Stimmungen, Affekte und Gefühle haben gemeinsam, dass sie Antworten eines Individuums auf Situationen darstellen. [36]

Der **Ausdruck** zeigt ein beobachtbares und zeitlich befristetes Verhalten einer Person, das aus einem emotionalen Vorgang resultiert. [37] Um in einem nächsten Schritt auf die Entstehung von Emotionen zu kommen, werden im nachfolgenden Absatz, die **3 Komponenten,** aus welchen eine Emotion besteht, näher beschrieben.

Stemmler et al. konstituierten, dass eine Emotion 3 Komponenten umfasst: die subjektive, die physiologische und die Ausdrucks- bzw. Verhaltenskomponente. In der Forschung herrscht heute weitgehend Übereinstimmung zu dieser Definition. [38] Die subjektive Komponente beschreibt dabei, dass das Emotionserleben objektiv nicht erfassbar ist und nur die Person selbst weiß, wie sie sich in einer Situation fühlt. In Forschungen kann lediglich von Berichten der Personen auf das Erleben von Emotionen geschlossen werden, was höchst subjektiv ist. Befragte Personen könnten sich für das erlebte Empfinden schämen und dadurch nicht von Tatsachen berichten, was die Ergebnisse maßgeblich verfälschen würde. [39] Die physiologische Komponente umfasst alle körperlichen Reaktionen, die mit dem Emotionserleben einhergehen. Unter anderem könnten dies Reaktionen des endokrinen und des neuronalen Systems sein. Im Gegensatz zu den subjektiven Komponenten können körperliche Reaktionen objektiver betrachtet und gemessen werden. Bspw. kann der Blutdruck gemessen und so Veränderungen aufgezeigt werden, die mit dem Emotionserleben

---

[33] Vgl. Stemmler et al. (2014), S. 28
[34] Vgl. Ebda. S. 29f
[35] Vgl. Ebda. S. 30
[36] Vgl. Sokolowski (2016), S. 299
[37] Vgl. Stemmler et al. (2014), S. 25f
[38] Vgl. Ebda. S. 36
[39] Vgl. Sokolowski (2016), S. 313f

zusammenhängen. [40] Weitere physiologischen Reaktionen auf Emotionen können das Ansteigen des Herzschlags, das Beschleunigen der Atmung, die Verlangsamung der Verdauung, eine vermehrte Schweißbildung, erweiterte Pupillen oder das Aufrichten von Hauthaaren sein. [41] Als dritte Komponente wird die Verhaltenskomponente benannt, die alle mit dem Emotionserleben einhergehenden beobachtbaren Verhaltensweisen umfasst z.b. Gesichtsausdrücke oder Körperhaltungen aber auch spezifischeres Verhalten wie bspw. eine Tür zuschlagen. [42] Kritisch zu betrachten sind dabei die Unterschiede von Versuch zu Versuch also von Situation zu Situation, die mitunter erheblich sein können. Auf der Verhaltensebene kann es z.b. sein, dass sich eine Person beim Verspüren von Ärger in einer Situation sehr gut zusammenreißen kann und dabei keine Mine verzieht und beim nächsten Mal (bei dem die Situation vergleichbar ist) ein sehr verärgertes Gesicht macht und dabei die Tür zuschlägt. Auf physiologischer Ebene könnte diese Person bei einem Mal einen hohen Blutdruckanstieg verspüren, aber beim anderen Mal gelassener reagieren, sodass der Blutdruck vergleichsmäßig niedrig bleibt. Auch die subjektive Ebene kann bei Wiederholung derselben Situation aufgrund von sehr vielen Variablen erhebliche Unterschiede aufweisen. Das macht es sehr schwierig wissenschaftlich fundierte Ergebnisse zu erhalten. [43] Nachdem der Begriff „Emotion" und die 3 Komponenten näher erläutert wurden und die Abgrenzung zu ähnlichen Konstrukten vorgenommen wurde, folgt nun die Beschreibung der **Ursachen von Emotionen**.

Bei der Entstehung von Emotionen gibt es verschiedene Ursachen, bei denen alle eines gemeinsam haben: es braucht kein sog. kritisches Lebensereignis (bspw. Hochzeit, Todesfall) für die Entstehung von Emotionen. Vielmehr führen ganz alltägliche Situationen dazu, dass Emotionen hervorgerufen werden. [44] Wichtig dabei ist, dass nicht nur äußere Bedingungen oder bestimmte Situationsvariablen eine Rolle spielen, sondern auch psychophysiologische sowie biopsychologische Variablen. [45] Eine mögliche Ursache können Interaktionen mit anderen Menschen sein. Besonders häufig entstehen Emotionen beim Knüpfen, Pflegen oder Auflösen von sozialen Beziehungen. Als andere Möglichkeit können Gedanken Emotionen auslösen. So könnte eine im Grunde negative Situation, wie bspw. ein Misserfolg, durch die positiv geführten Gedanken an den damit verbundenen Lernerfolg und die

---

[40] Vgl. Ebda. S. 317-321
[41] Vgl. Becker-Carus (2011), S. 490
[42] Vgl. Sokolowski (2016), S. 314ff
[43] Vgl. Zimbardo (1992), S. 393
[44] Vgl. Brandstätter et al. (2013), S. 137f
[45] Vgl. Stemmler et al. (2014), S. 34f

Freude daran, trotzdem eine positive Emotion hervorrufen. Tätigkeiten können ebenfalls Emotionen herbeiführen. Dabei wird unterschieden, ob eine Tätigkeit um ihrer selbst willen ausgeführt wird und folglich Emotionen herbeiführt oder ob eine Tätigkeit ausgeführt wird, um positive Emotionen zu erleben bzw. negative Emotionen zu umgehen. Außerdem kann auch der Konsum von bestimmten Substanzen Emotionen auslösen z.b. Nahrungsmittel, Drogen, Alkohol und Medikamente. Bei verschiedenen Substanzen wird das zentrale Nervensystem über den Dopaminstoffwechsel beeinflusst, was dazu führt, dass das Belohnungssystem einer Person verändert wird. Mögliche Wirkungen sind die Blockierung der Rezeptoren für Dopamin, was zu negativen Emotionen führt oder aber auch eine vermehrte Zufuhr dieses Stoffes an die Rezeptoren, was zu positiven Emotionen führt. [46] Je nachdem welche **Emotionstheorie** ein Wissenschaftler glauben schenkt bzw. nach welchem Ansatz geforscht wird, ergibt sich der Umgang mit möglichen Ursachen und der Beziehung zwischen den Aspekten. Ein möglicher Ansatz bietet dabei der evolutionsbiologische Ansatz, der sich mit der Frage beschäftigt, welche Aspekte von Emotionen das gemeinsame biologische Erbe der Menschheit widerspiegelt. Der Fokus wird auf anlagebedingte Emotionen gelegt, die dem Überleben des Menschen dienten. Laut Darwin (1872) ist der heutige emotionale Ausdruck des Menschen das Ergebnis einer kontinuierlichen Auseinandersetzung mit Herausforderungen, welche die Umwelt an die Spezies Mensch stellt. Er kam zu dem Schluss, dass Menschen durch emotionale Ausdrücke, anderen Menschen ihren emotionalen Zustand und damit einhergehende Gedanken und Bedürfnisse mitteilen. Bspw. der Gesichtsausdruck Ekel, wenn Lebensmittel als ungenießbar und damit als Bedrohung erkannt wurden. Dieser Ausdruck sollte andere Menschen vor diesem Lebensmittel schützen. [47] Auch das Emotionserleben wird aus der evolutionsbiologischen Perspektive dahingehend betrachtet, dass mit arterhaltenden Verhaltensweisen stets positive Emotionen verbunden wurden und artschädliche oder -gefährdende Verhaltensweisen mit Negativen. [48] Diese Theorie geht davon aus, dass grundlegende Emotionen, sog. Basisemotionen, bei allen Menschen anlagebedingt vorhanden sind, unabhängig von Kultur, Geschlecht, sozialer Schicht etc. [49] Die Basisemotionen wurden anhand von Gesichtsausdrücken, die von Menschen weltweit und kulturunabhängig gleich interpretiert und verwendet wurden, gefunden und bestimmt. [50] Diese Forschung geht auf Ekman und Friesen zurück, die folgende

---

[46] Vgl. Brandstätter et al. (2013), S. 137f
[47] Vgl. Brandstätter et al. (2013), S. 160f
[48] Vgl. Euler (2009), S. 410
[49] Vgl. Ebda. S. 407
[50] Vgl. Sokolowski (2016), S. 300

Emotionen als Basisemotionen benannten: Freude, Traurigkeit, Überraschung, Ekel, Furcht und Wut. Später wurde die Emotion „Verachtung" hinzugefügt. [51] Der behavioristische Ansatz klammerte die subjektiv erlebte Emotion aus, da sie objektiv nicht messbar ist. Daher standen objektiv erfassbare Reize, die aufgrund von Lernerfahrungen Emotionen auslösen sowie Verhalten, dass durch ausgelöste Emotionen ausgeübt wird im Fokus dieser Perspektive. [52] Dieses Modell rückte während der Zeit eher in den Hintergrund, wobei zu erwähnen ist, dass Emotionen trotzdem in einem engen Zusammenhang mit dem Thema Lernen stehen. Vor allem dann, wenn es um das Erreichen von positiven und das Vermeiden von negativen Emotionen geht. Hier wird der Zusammenhang zwischen Motivation und Emotion geknüpft, [53] dessen Ausführung in Aufgabe B3 dieser Einsendeaufgabe folgt. Die psychophysiologische / neuropsychologische Emotionstheorie befasst sich mit zentral- und peripher-nervösen Prozessen in Verbindung mit Emotionen. Bspw. die Theorie der Psychologen James und Lange, die davon ausgehen, dass Emotionen eine Folge der Wahrnehmung von körperlichen Reaktionen sind. Sie forschten daran, dass die Wahrnehmung von bspw. tränenden Augen dazu führt, dass ein Mensch die Emotion „Traurigkeit" verspürt. Laut James und Lange sind körperliche Veränderungen notwendige Voraussetzungen für das Erleben von Emotionen. Darauf folgten viele Kritikpunkte an dieser Theorie wie bspw., dass der Bewertungsprozess, der zwischen Reiz und Reaktion innerpsychisch erfolgt, nicht berücksichtigt wurde [54] oder die Tatsache, dass bei emotionalen aber auch nicht-emotionalen Zuständen dieselben zentralen- oder peripher-nervösen Prozesse ausgelöst werden können wie bspw. Fieber. [55] An dieser sog. James-Lange-Theorie wurde weitergeforscht und so entstand die sog. Facial-Feedback-Hypothese, durch die mehrfach gezeigt werden konnte, dass das willentliche Aufsetzen eines best. Gesichtsausdrucks oder die willentliche Einnahme einer best. Körperhaltung in der Lage ist das Emotionserleben zu beeinflussen. So kann bspw. durch das aufgesetzte Lächeln ein positives Emotionserleben herbeigeführt werden. [56] Die kognitiven Emotionstheorien greifen den Teil an, der von den Behavioristen ausgelassen wurde, nämlich die Reiz- und Reaktionsbewertungsansätze. Der Reaktionsbewertungsansatz nimmt an, dass auf einen Reiz eine körperliche Reaktion folgt, welche bewertet wird und auf diese Bewertung folgt ein emotionales Erleben. Die

---

[51] Vgl. Zimbardo (1992), S. 391
[52] Vgl. Brandstätter et al. (2013), S. 162
[53] Vgl. Ebda. S. 164
[54] Vgl. Brandstätter et al. (2016), S. 165
[55] Vgl. Sokolowski (2016), S. 297
[56] Vgl. Brandstätter et al. (2016), S. 166

Reizbewertungstheorie meint, dass auf einen Reiz nicht automatisch eine Reaktion folgt, sondern abhängig von der Reizbewertung ausfällt. [57]

Emotionsregulation wird beschrieben als aktiver Versuch die eigenen Emotionen zu beeinflussen. Das ist darum wichtig, um im Alltag handlungsfähig zu bleiben und den Anforderungen der Umwelt gerecht zu werden. Bspw. um positive Emotionen entstehen zu lassen oder negative Emotionen zu unterdrücken. Das umfasst alle Prozesse bei denen Menschen Einfluss auf das Erleben von Emotionen und deren Ausdruck ausüben. Es wird unterschieden zw. kontrollierter Emotionsregulation, die bewusst gesteuert sowie mit Anstrengung eingesetzt wird und automatischer Emotionsregulation, die unbewusst abläuft. [58] Die Gründe der Emotionsregulation sind sozialer Natur und dienen drei Zielen:

1. Ziel des Impression Managements: Emotionen kontrollieren, um keinen negativen Eindruck bei anderen zu hinterlassen

2. Prosoziale Ziele: Emotionen kontrollieren, um andere zufriedenzustellen oder andere zu beschützen

3. Ziel der sozialen Kontrolle: Emotionen kontrollieren, um andere zu manipulieren und damit weitere Ziele zu erreichen. [59]

Im Arbeitskontext wurde 1983 von Hochschild der Begriff „**Emotionsarbeit**" eingeführt, der beschreibt, dass im beruflichen Kontext bestimmte Gefühle herbeigeführt oder unterdrückt werden, um beruflichen Erfolg zu erlangen und nach außen hin eine bestimmte Wirkung zu erzeugen. Es gibt dabei zwei Formen der Emotionsarbeit, wobei die erste Form „surface acting" genannt wird. Hier wird lediglich der emotionale Ausdruck unterdrückt, das Erleben der Emotion jedoch zugelassen. Die zweite Form wird „deep acting" genannt. Bei dieser Form wird bereits das emotionale Erleben unterdrückt, sodass ein emotionaler Ausdruck gar nicht erst aufkommen kann. Die Bedeutung des Umgangs und der Kontrollierbarkeit von Emotionen im beruflichen Kontext liegt darin, dass mit der Ausübung eines bestimmten Berufes auch arbeitsbezogene Normen von einem Mitarbeiter erwartet werden. Emotionsarbeit gilt mehr oder weniger schon als Arbeitsanforderung. Emotionen wie Ärger oder Trauer dürften bspw. durch den Ausdruck der FlugbegleiterInnen vom Fluggast, nicht als solche erkannt werden, daher müssen diese gekonnt von den FlugbelgeiterInnen unterdrückt werden.[60]

---

[57] Vgl. Stemmler et al. (2014), S. 134
[58] Vgl. Ebda. S. 165
[59] Vgl. Brandstätter et al. (2013), S. 176
[60] Vgl. Brandstätter et al. (2013). S. 178f

Motive und Motivinkongruenz

Der Begriff **Motivation** (lat. movere = Bewegung[61]) wird in der Wissenschaft definiert als „ein Bedürfnis oder ein(en) Wunsch, der unser Verhalten antreibt." [62] Die Motivation beschreibt Prozesse, die der Initiierung, der Richtungsgebung oder der Aufrechterhaltung von psychischen und physischen Aktivitäten dienen und damit auch den Vorgang, dass sich Lebewesen auf bestimmte Reize hin oder von diesen fortbewegen. [63] Die Motivation umfasst einen Begriff, der auf interne Variablen und weniger auf direkt beobachtbare Prozesse hinweist und der dabei helfen soll, bestimmte Besonderheiten im Verhalten zu erklären. [64] Hierbei ist die Unterscheidung zwischen den beiden Begrifflichkeiten „Trieb" und „Motiv" wichtig. Der Begriff Trieb beschreibt eine Handlungsmotivation, die primär biologische Ursachen hat (bspw. Hunger, Durst, Sexualität, Kampf- und Fluchtbereitschaft).

Der Begriff **Motiv** hingegen definiert eine Handlungsmotivation, die primär psychologische und soziale Ursachen hat und im Rahmen der Sozialisation und persönlichen Entwicklung erlernt wurde. [65] Motive stellen Bewertungsdispositionen dar, die bestimmen, wie hoch der Anreiz eines Reizes, eines Ereignisses oder eines Zielzustandes ist. [66] Sie sind maßgeblich mitverantwortlich welche Ziele sich eine Person setzt, da Motive darüber bestimmen, welche Umweltreize zu Anreizen werden. [67] In der Motivationsforschung werden die Motive „Leistung", „Anschluss" und „Macht" als die sog. „Big 3" bezeichnet. [68] Sie beschreiben Motive, die aus fundamentalen Bedürfnissen wie sozialer Anerkennung, Selbstachtung, Sicherheit, Leistung oder Wissen resultieren. [69] Um den Rahmen dieser Einsendeaufgabe nicht zu überschreiten, werden die drei Motive nicht näher erläutert. Diese Motive lassen sich unterscheiden in sog. explizite und implizite Motive, die in folgender Ausführung vertieft werden.

Während der Erforschung von Messmethoden der oben genannten „Big 3", kam es zu Ergebnissen, die mangelnde Korrelationen aufwiesen. Es warf die Frage nach der Validität und Reliabilität der unterschiedlichen Messmethoden auf. 1989 lösten McClelland et al.

---

[61] Vgl. Gerrig et al. (2011), S. 414
[62] Vgl. Myers et al. (2014), S. 439
[63] Vgl. Gerrig et al. (2011), S. 414
[64] Vgl. Rheinberg et al. (2012), S. 14
[65] Vgl. Becker-Carus (2011), S. 438
[66] Vgl. Puca/Langens (2016), S. 192
[67] Vgl. Brandstätter/Otto (2009), S. 192
[68] Vgl. Scheffer (2009), S. 31
[69] Vgl. Becker-Carus (2011), S. 446

diese Kontroverse bezüglich mangelnder Korrelation auf, in dem sie anführten, dass diese Messergebnisse gar nicht miteinander korrelieren könnten bzw. auch nicht sollten, da es sich um verschiedene Messinstrumentarten handelte, die Unterschiedliches maßen. Sie führten ihre Begründung aus, in dem sie zwei unterschiedliche und voneinander unabhängige Motivsysteme nannten, die lediglich zusammenwirken. [70] Das eine System definierten sie als „implizite Motive" (engl. implicit motives) und das andere als „explizite Motive" (engl. explicit motives). [71]

Den **impliziten Motiven** wird zugeschrieben, dass sie auf frühkindlichen, vorsprachlichen, affektiven (= „Zustand der Erregung (…) Dominanz von starken Emotionen"[72]) Erfahrungen basieren. Im Beispiel Leistungsmotiv handelt es sich um die positive affektive Erfahrung Stolz zu erleben, nachdem eine schwierige Aufgabe gemeistert wurde. Beim Anschlussmotiv beschreibt es die positive affektive Erfahrung Harmonie zu erleben, wenn im sozialen Kontext Akzeptanz und Wertschätzung erlebt wurde. Beim Machtmotiv geht es um die positive affektive Erfahrung von Stärke und Selbstwirksamkeit, wenn es gelungen ist eine andere Person zu beeinflussen. Durch das Erleben dieser affektiven Erfahrungen bilden sich Präferenzen, die sich auch im zukünftigen Leben einer Person äußern werden. [73] Dieser Vorgang beschreibt einen sog. affektiven Lernprozess. [74] Implizite Motive werden auch als affektgesteuerte Bedürfnisse bezeichnet, die unbewusst sind. Um trotzdem Daten zu erhalten, gibt es die Möglichkeit diese Motive über den Thematischen Auffassungstest (TAT) zu erfassen. [75] In Bezug auf das Verhalten sagen implizite Motive Reaktionen vorher, die spontan sind und auf Eigeninitiative einer Person beruhen. Diese Reaktionen werden als operantes Verhalten (= „eine Reaktion, die nicht von einem auslösenden Reiz abhängt, sondern von den Auswirkungen dieser Reaktion"[76]) bezeichnet und drücken sich bspw. durch persönliche, innerliche Auseinandersetzungen aus. [77]

Die **expliziten Motive** entstehen hingegen durch Anforderungen und Erwartungen, die von wichtigen Bezugspersonen sowie von gesellschaftlichen Normen an eine Person gestellt werden. Im Gegensatz zu den impliziten sind die expliziten Motive bewusste Selbstzuschreibungen und Teil des Selbstkonzeptes einer Person. [78] Hierbei handelt es sich

---

[70] Vgl. Brandstätter et al. (2013), S. 67f
[71] Vgl. McClelland et al. (1989), S. 690-702, zit. nach Brandstätter et al. (2013), S. 68f
[72] Vgl. https://www.landsiedel-seminare.de/coaching-welt/wissen/lexikon/affektiv.html Zugriff am 17.10.2019
[73] Vgl. Scheffer (2009), S. 33f
[74] Vgl. Langens (2009), S. 219
[75] Vgl. Brandstätter (2013), S.68
[76] https://www.duden.de/rechtschreibung/operant Zugriff am 18.10.2019
[77] Vgl. Langens (2009), S. 219
[78] Vgl. Scheffer (2009), S. 33

demnach nicht um affektgesteuerte, sondern um kognitive Bedürfnisse, basierend auf sozialen Interaktionen. Da explizite Motive bewusst ablaufen, können sie über einen Fragebogen erfasst werden. [79] In Bezug auf das Verhalten sagen explizite Motive Reaktionen vorher, die in klaren und strukturierten Situationen bewusst getätigt werden. Bei diesem Prozess sind Entscheidungen und Bewertungen involviert, die einer bewussten Abwägung unterzogen werden. Diese Reaktion wird als respondentes Verhalten (= „(...) Verhalten, das als automatische Reaktion auf einen bestimmten Reiz auftritt"[80]) bezeichnet, da sie meist aufgrund von äußerem Einwirken (bspw. Vorschläge oder Fragen) notwendig wird. [81] Damit Motive wirksam werden können, müssen in der Umwelt bestimmte Anreize gegeben sein, die eine Person ansprechen. Dabei werden die intrinsischen von den extrinsischen Anreizen unterschieden.

Die **intrinsischen Anreize** lassen sich in einer Tätigkeit selbst finden. Implizit motivierte Personen legen viel Wert darauf ihre individuelle Leistung zu steigern. Eine Tätigkeit an sich kann den intrinsischen Anreiz für eine implizit motivierte Person haben, einen Erfolg zu erleben und herauszufinden, ob man besser geworden ist. Daher sprechen intrinsische Anreize eher implizit motivierte Personen an.

Extrinsische Anreize kommen von außen und können Konkurrenzsituationen, Wettbewerbssituationen, Leistungsbewertungen und erlebte Anerkennung sein. Für explizit motivierte Personen steht es im Vordergrund sich hinsichtlich der Leistung mit anderen Personen zu messen. Dabei ist es ihnen wichtig diese Leistung nach außen zu demonstrieren und sich mit sozialen Bezugswerten zu vergleichen. Im Vordergrund steht, herauszufinden, ob sie besser sind als andere Personen. Eher explizit Motivierte sprechen daher auch besser auf extrinsische Anreize an. [82]

---

[79] Vgl. Brandstätter (2009), S. 68
[80] https://lexikon.stangl.eu/4979/respondentes-verhalten/ Zugriff am 18.10.2019
[81] Vgl. Langens (2009), S. 220
[82] Vgl. Brandstätter et al. (2013), S. 69f

Motivinkongruenz, negative Auswirkungen sowie Präventions- und Interventionsmaßnahmen

Wie oben bereits erwähnt wurde, handelt es sich bei impliziten und expliziten Motiven um zwei unterschiedliche Systeme, die miteinander interagieren. [83] Implizite Motive zeigen dabei einen energetisierenden und explizite Motive einen steuernden Charakter. [84] Sie können sich gegenseitig fördern oder hemmen. [85] Motivkongruenz beschreibt dabei eine übereinstimmende Ausprägung impliziter und expliziter Motive. Motivinkongruenz hingegen kennzeichnet eine mangelnde Übereinstimmung der beiden Systeme und wird in zwei Typen dargestellt. Der Motivinkongruenztyp 1 beschreibt eine geringe explizite, aber hohe implizite Ausprägung der Motive. [86] Während bei impliziten Motiven z.B. danach gestrebt wird, anspruchsvolle Aufgaben zu lösen und sich an deren Bewältigung zu erfreuen, veranlassen geringe explizite Motive keine herausfordernden Leistungsziele. [87] Dabei entsteht ein Konflikt zwischen den beiden Systemen. Diese Personen beschreiben bspw. das Gefühl ihnen würde etwas fehlen oder behaupten von sich sie würden anders handeln wie sie tatsächlich sind. Der Motivinkongruenztyp 2 stellt ausgeprägte explizite aber niedrig ausgeprägte implizite Motive dar. [88] Hier werden zwar herausfordernde Leistungsziele aufgrund der großen Ausprägung des expliziten Motivs entwickelt, diese können jedoch nicht in die Tat umgesetzt und somit auch nicht erreicht werden, da die Energie, die durch implizite Motive hervorgerufen wird, fehlt. Aufgrund der fehlenden Energiequelle sind diese Handlungen anstrengend. Dies kann dann nur vollbracht werden, wenn das Verlangen nach Wertschätzung anderer oder dem persönlichen Selbstbild gerecht zu werden, groß genug ist. [89] Auch hier entsteht ein Konflikt, bei dem Betroffene bspw. davon berichten, dass sie sich überwinden müssen, um aktiv zu werden. [90]

Motivinkongruenz kann, wie oben aufgezeigt, **negative Folgen** haben, da dies als intrapsychischer Stressor das psychische und physische Wohlbefinden und somit auch die Lebenszufriedenheit beeinträchtigt. Ein Unwohlsein entsteht, wenn „das Herz" (implizite Motive) und „der Kopf" (explizite Motive) nicht das gleiche wollen. [91] Bis dato liegen noch

[83] Vgl. Langens (2009), S. 221
[84] Vgl. Brunstein (2010), S. 249
[85] Vgl. Langens (2009), S. 221
[86] Vgl. Brandstätter et al. (2013), S. 72f
[87] Vgl. Heckhausen/Heckhausen (2018), S. 288
[88] Vgl. Brandstätter et al. (2013), S. 72f
[89] Vgl. Brandstätter et al. (2018), S. 100
[90] Vgl. Brandstätter et al. (2013), S. 72f
[91] Vgl. Ebda. S. 73-75

wenige Studien zum Thema Vorbeugung von Motivinkongruenz vor. Eine Bewältigungsstrategie ist bspw. das „emotional disclosure". Bei dieser kurativen Strategie soll gelernt werden, Emotionen mitzuteilen. Hier liegt die Abschwächung der negativen Folgen von Motivinkongruenz im Vordergrund. Als präventive Maßnahme wird die Zielimagination („goal imagery") genannt, bei der die Verfolgung und Umsetzung eines möglichen Ziels wahrnehmungsanalog nachgestellt werden soll, noch bevor das Ziel konkret definiert wird. Dies soll die Verbindung zwischen impliziten und expliziten Motiven sowie ein bewusster Abgleich einer Person zwischen persönlichen Bedürfnissen und einem Ziel ermöglichen. Eine andere Bewältigungsstrategie stellt das Reflektieren persönlicher Tätigkeitsvorlieben dar. Hierbei werden bspw. Fragen danach gestellt, was eine Person auch ohne Belohnung gerne unternimmt oder wann das letzte erreichte Ziel zu besonders intensiver Freude geführt hat. [92]

---

[92] Vgl. Brandstätter et al. (2018), S. 100-103

Literaturverzeichnis

Becker, F. 2016. *Teamarbeit, Teampsychologie, Teamentwicklung.* Heidelberg: Springer.

Becker-Carus, C. 2011. *Allgemeine Psychologie. Eine Einführung, 1. Aufl., Nachdruck.* Heidelberg: Spektrum Akademischer Verlag (Spektrum-Lehrbuch).

Bosley, I. & Kasten, E. 2018. *Emotionale Intelligenz.* Berlin, Heidelberg: Springer.

Brandstätter, V. & Otto, J. H. 2009. *Motivation und Emotion: Eine Einführung. In: Veronika Brandstätter, Jürgen H. Otto und Jürgen Bengel (Hrsg.): Handbuch der Allgemeinen Psychologie - Motivation und Emotion.* Göttingen: Hogrefe (Handbuch der Psychologie,/ hrsg. von J. Bengel ... ; Bd. 11).

Brandstätter, V., Schüler, J., Puca, R. M. & Lozo, L. 2018. *Motivation und Emotion, 2. Aufl.* Berlin: Springer-Lehrbuch.

—. 2013. *Motivation und Emotion. Allgemeine Psychologie für Bachelor .* Berlin: Springer (Springer-Lehrbuch).

Brunstein, J. C. 2010. *Implizite und explizite Motive. In: Jutta Heckhausen und Heinz Heckhausen (Hg.): Motivation und Handeln. 4., überarbeitete und erweiterte Aufl.* Berlin, Heidelberg: Springer-Verlag Berlin Heidelberg (Springer-Lehrbuch), S. 235-255.

Caruso, D. R., Mayer, J. D. & Salovey, P. 2002. „Relation of an ability measure of emotional intelligence to personality." *Journal of Personality Assessment, 79,* 306-320.

Zugriff am 18.10.2019. *Duden.* https://www.duden.de/rechtschreibung/operant.

Gerrig, R. J., Zimbardo, P. G. & Graf, R. 2011. *Psychologie (Always learning, 18., akt. Aufl, Nachdruck).* München: Pearson Higher Education.

Goleman, D., Boyatzis, R. & McKee, A. 2006. *Emotionale Führung. In: Boersch C., von Diest F. (eds) Das Summa Summarum des Erfolgs.* Wiesbaden: Gabler.

Heckhausen, J. & Heckhausen, H. (Hrsg.). 2018. *Motivation und Handeln, 5. Aufl.* Berlin.

Krause, K. T. 2007. *Emotionale Intelligenz - Soft Skill für Manager?* BoD - Books on Demand.

Zugriff am 17.10.2019. *Landsiedel Seminare.* https://www.landsiedel-seminare.de/coaching-welt/wissen/lexikon/affektiv.html.

Langens, T. A. 2009. *Leistung. In: Veronika Brandstätter, Jürgen H. Otto und Jürgen Bengel (Hg.): Handbuch der Allgemeinen Psychologie - Motivation und Emotion.* Göttingen: Hogrefe (Handbuch der Psychologie, /hrsg. von J. Bengel ... ; Bd. 11).

Mayer, J. D., Salovey, P. & Caruso, D. R. 2000. *Models of emotional intelligence.* New York: Cambridge University Press.

McClelland, D. C., Koestner, R. & Weinberger, J. 1989. „How do self-attributed and implicit motives differ? ." *Psychological Review 96 (4)* S. 690 - 702.

Myers, D. G., Hoppe-Graff, S. & Keller, B. 2014. *Psychologie (Springer-Lehrbuch, 3. vollständig überarbeitete und erweiterte Aufl.).* Berlin: Springer.

Pekrun, H. 2000. *Persönlichkeit und Emotionen. In: Otto J., Euler, H., Mandl, H. (Hrsg.) Emotionspsychologie. Ein Handbuch.* Weinheim: Psychologie Verlags Union.

Puca, R. M. & Langens, T. A. 2016. *Motivation. In: Jochen Müsseler (Hrsg.): Allgemeine Psychologie 2. Neu bearbeitete Aufl., Nachdruck als limitierte, einfarbige Sonderaufl..* Berlin, Heidelberg: Springer.

Rheinberg, F., Vollmeyer, R., Leplow, B. & Selg, H. 2012. *Motivation. 8. akt. Aufl.* Stuttgart: Kohlhammer (Kohlhammer-Urban-Taschenbücher, 555).

Scheffer, D. 2009. *Implizite und explizite Motive. In: Veronika Brandstätter, Jürgen H. Otto und Jürgen Bengel (Hrsg.): Handbuch der Allgemeinen Psychologie - Motivation und Emotion.* Göttingen: Hogrefe (Handbuch der Psychologie,/Hrsg. von J. Bengel ... ; Bd. 11).

Sokolowski, K. 2016. *Emotion. In J. Müsseler (Hrsg.) Allgemeine Psychologie (2., neu bearbeitete Aufl., Nachdruck als limitierte, einfarbige Sonderauflage).* Berlin: Springer.

Stangl, W. Zugriff am 18.10.2019. *Stangl Lexikon.* https://lexikon.stangl.eu/4979/respondentes-verhalten/.

—. 2006. *Motive und Motivation.* https://psychologie.stangl.eu/definition/Motivation.shtml.

Stemmler, G., Schmidt-Atzert, L. & Peper, M. 2014. *Emotionspsychologie. Ein Lehrbuch (2. vollständig überarbeitete und erweiterte Aufl.).* W. Kohlhammer Verlag.

Von Kanitz, A. 2014. *Emotionale Intelligenz (Band 222 von Haufe TaschenGuide).* Haufe-Lexware.

Weber, E. W. 1999. „Die vergessene Intelligenz." *Das APCS Bulletin, Nr. 45.*

Zimbardo, P. G. 1992. *Psychologie (5. neu übersetzte und bearbeitete Aufl.).* Berlin: Springer.

BEI GRIN MACHT SICH IHR WISSEN BEZAHLT

- Wir veröffentlichen Ihre Hausarbeit,
  Bachelor- und Masterarbeit

- Ihr eigenes eBook und Buch -
  weltweit in allen wichtigen Shops

- Verdienen Sie an jedem Verkauf

Jetzt bei www.GRIN.com hochladen und kostenlos publizieren